Impressum
Verlag: BABADADA GmbH, Nedderfeld 112 , 22529 Hamburg
Geschäftsführer / Verlagsleitung: Harald Hof
Druck: Books on Demand GmbH, In de Tarpen 42, 22848 Norderstedt

Imprint
Publisher: BABADADA GmbH, Nedderfeld 112 , 22529 Hamburg, Germany
Managing Director / Publishing direction: Harald Hof
Print: Books on Demand GmbH, In de Tarpen 42, 22848 Norderstedt

efitrano fianarana
classroom

mizara
divide

186/2

solaitrabe
board

tokontanin-tsekoly
school yard

mpampianatra
teacher

taratasy
paper

manoratra
write

penina
pen

latabatra
desk

fitsipika
ruler

boky
book

ankizy mpianatra
pupil

kitapo

satchel

torosy

pencil case

pensilihazo

pencil

fandrangitana pensilihazo

pencil sharpener

gaoma

rubber

karne fanaovana sary

drawing pad

sary

drawing

borosy fandokoana

paintbrush

boaty loko

paint box

hety

scissors

lakaoly

glue

kahie fampiasàna

exercise book

enti-mody

homework

tarehi-marika

number

manampy

add

manala

subtract

mampitombo

multiply

mikajy

calculate

taratasy

letter

abidia

alphabet

teny

word

lahatsoratra
text

mamaky
read

tsaoka
chalk

lesona
lesson

boky fianarana
register

fanadinana
examination

sertifikà
certificate

fanamian'ny mpianatra
school uniform

fiofanana
education

raki-pahalalana
encyclopedia

oniversite
university

mikraoskaopy
microscope

sarintany
map

fanariana fako taratasy
waste-paper basket

hôtely
hotel

tranom-bahiny
hostel

toerana fanakalozana vola
currency exchange office

valizy
suitcase

fiara
car

fiteny
language

eny / tsia
yes / no

Eny àry
Okay

salama
hello

mpandika teny
translator

Misaotra
Thank you

ohatrinona...?

how much is...?

Tsy azoko izany

I don´t get it

olana

problem

Salama ô!

Good evening!

Arahaba tra-maraina e!

Good morning!

Tsara mandry ô!

Good night!

veloma

goodbye

fitantanana

direction

entan'ny mpandeha

luggage

harona

bag

kitapo

backpack

vahiny

guest

efitrano

room

fandriana enti-tànana

sleeping bag

tanty

tent

birao miandraikitra ny
fizahantany

tourist information

moron-tsiraka

beach

fahana amin'ny karatra

credit card

sakafo maraina

breakfast

sakafo atoandro

lunch

sakafo hariva

dinner

tapakila

Ticket

ascenseur

elevator

hajia

stamp

tany manasaraka

border

fadin-tseranana

customs

ambasacy

embassy

visa

visa

pasipaoro

passport

fiara-manidina
airplane

sambo
ship

fiaran'ny mpamonjy voina
fire truck

kamiao
truck

fiara fitaterar
bus

ma aingam-pandeha
rboat

bisikileta
bike

fiara
car

sambobe
ferry

sambo
boat

môtô
motorbike

fiaran'ny polisy
police car

fiara mpihazakazaka
racing car

fiara fanofa
rental car

zara fiara

car sharing

fiara etsy babeko

tow truck

fiara mpitatitra fako

garbage truck

môtera

engine

solika

fuel

tobin-tsolika

fuel station

tondro fifamoivoizana

traffic sign

fifamoivoizana

traffic

fitohanan'ny fifamoivoizana

traffic jam

fitobian'ny fiara

parking lot

fiantsonan'ny fiaran-dalamby

train station

lalamby

tracks

fiaran-dalamby

train

tramway

tram

kalesy

wagon

angidimby

helicopter

seranam-piaramanidina

airport

tilikambo

tower

mpandeha

passenger

kaontenera

container

baoritra

carton

chariot

cart

harona

basket

miainga / midina

take off / land

renivohitra

city

ambanivohitra

village

afovoan-tanàna

city center

trano

house

- sinemà / movie theater
- dokambarotra / advert
- jiro an-dalambe / street light
- arabe / street
- fiarakaretsaka / taxi
- kioska / snack shop
- mpandeha an-tongo / pedestrian
- sisinabo / sidewalk
- lalana ho an'ny mpandeha an-tongotra / zebra crossing
- dabam-pako / dumpster
- sampanana / crossing
- jiro amin'ny fifamoivoizana / traffic lights

trano bongo
hut

tranobe
apartment

fiantsonan'ny fiaran-dalamby
train station

firaisana
city hall

donia
museum

sekoly
school

oniversite
university

banky
bank

hopitaly
hospital

hôtely
hotel

farmasia
pharmacy

birao
office

fivarotam-boky
book shop

fivarotana
shop

mpivarotra voninkazo
flower shop

supermarché
supermarket

tsena
market

tranobe fivarotana
department store

mpivarotra trondro
fishmonger's shop

toeram-pivarotana lehibe
mall

seranana
harbor

valan-javaboary

park

latabatra

bench

tetezana

bridge

totohatra

stairs

metrô

subway

tonelina

tunnel

fiantsonan'ny fiara
mpitondra olona

bus stop

bara

bar

toeram-pisakafoanana

restaurant

boatin-taratasy paositra

postbox

famantarana an-arabe

street sign

parcmètra

parking meter

valan-javaboary

zoo

dobo filomanosana

swimming pool

moskea

mosque

toeram-pambolena

farm

loto

pollution

fasana

cemetery

trano fiangonana

church

tokontany filalaovana

playground

tempoly

temple

endritany
landscape

ravina
leaf

tondro famantarana
signpost

làlana
path

kijana
meadow

vato
stone

hazo
tree

mpihani-bohitra
hiker

renirano
river

bozaka
grass

voninkazo
flower

lemaka

valley

vohitra

hill

laka

lake

ala

forest

tany hay

desert

volkano

volcano

rova

castle

avana

rainbow

holatra

mushroom

hazom-boanio

palm tree

moka

mosquito

lalitra

fly

vitsika

ant

tantely

bee

hala

spider

voangory

beetle

sahona

frog

vontsira

squirrel

trandraka

hedgehog

bitro

hare

vorondolo

owl

vorona

bird

gisabe

swan

lambo

boar

cerf

deer

voalavo

moose

toha-drano

dam

helisy ahodin-drivotra

wind turbine

takela-masoandro

solar panel

toetr'andro

climate

endritany - landscape

mpandroso sakafo
waiter

menu
menu

seza
chair

lasopy
soup

pizza
pizza

fitaovam-pihinanana
cutlery

lambar-databatra
tablecloth

entrée

starter

sakafo fototra

main course

desera

dessert

zava-pisotro

drinks

sakafo

food

tavoahangy

bottle

fast food

fast food

sakafo an-dalambe

street food

fitoerana dite

teapot

fitoeran-tsiramamy

sugar bowl

singany

portion

milina espresso

espresso machine

seza avo

high chair

faktiora

bill

lovia fandrosoana sakafo

tray

antsy

knife

sotrorovitra

fork

sotro

spoon

sotrokely

teaspoon

servieta

serviette

vera

glass

vilia

plate

vilian-dasopy

soup plate

vilia bory

saucer

saosy

sauce

fitoeran-tsira

salt shaker

milina dipoavatra

pepper mill

vinaingitra

vinegar

solika

oil

zava-manitra

spices

ketchup

ketchup

voan-tsinapy

mustard

maionezy

mayonnaise

fihenam-bidy
special offer

mpividy
customer

sakafo avy amin'ny rono
dairy products

FOR

voankazo
fruit

chariot
shopping cart

mpivaro-kena

butcher's shop

mpivarotra mofo

bakery

mandanja

weigh

legioma

vegetables

hena

meat

sakafo nampangatsiahana

frozen food

hena voahendy

cold cuts

sakafo am-by fotsy

canned food

vovon-tsavony

detergent

vatomamy

candy

fitaovana an-tokatrano

household products

fitaovana fanadiovana

cleaning procucts

mpivarotra

sales representative

toerana fandoavam-bola

cash register

mpandray vola

cashier

isitry ny zavatra vidiana

shopping list

ora fiasana

opening hours

portefeuille

wallet

fahana amin'ny karatra

credit card

harona

bag

harona plastika

plastic bag

drinks

rano

water

ranom-boankazo

juice

ronono

milk

coca

coke

divay

wine

labiera

beer

toaka

alcohol

sôkôlà mafana

cocoa

dite

tea

kafe

coffee

espresso

espresso

cappuccino

cappuccino

akondro

banana

paoma

apple

laoranjy

orange

voatango

melon

voasarimakirana

lemon

karaoty

carrot

tongolo gasy

garlic

volobe

bamboo

tongolo

onion

holatra

mushroom

voamaina

nuts

paty

noodles

spaghetti

spaghetti

vary

rice

salady

salad

ovy frity

fries

ovy voaendy

fried potatoes

pizza

pizza

hamburger

hamburger

sandwich

sandwich

didin-kena

escalope

lambo sira

ham

salami

salami

saosisy

sausage

akoho

chicken

hena mendy

roast

trondro

fish

varin-tsoavaly

porridge oats

muesli

muesli

cornflakes

cornflakes

lafarinina

flour

croissant

croissant

mofodipaina kely

bread roll

mofo

bread

mofo natono

toast

bisky

cookies

dobera

butter

fromazy fotsy

curd

mofomamy

cake

atody

egg

atody nendasina

fried egg

fromazy

cheese

lagilasy

ice cream

siramamy

sugar

tantely

honey

kaonfitira

jelly

crème nougat

nougat cream

curry

curry

tranom-bokatra
farm house

tranom-bokatra
barn

feheza-mololo
straw bale

tanim-boly
field

soavaly
horse

fiara fitarika
trailer

zana-tsoavaly
foal

traktera
tractor

apondra
donkey

zanak'ondry
lamb

ondry
sheep

osy
goat

omby vavy
cow

omby
calf

kisoa
pig

zana-kisoa
piglet

omby
bull

gisa

goose

gana

duck

zanak'akoho

chick

akoho vavy

hen

akoho lahy

cockerel

voalavo

rat

saka

cat

voalavo tondro

mouse

omby

ox

alika

dog

tranon'alika

dog house

fantsona fanondrahana rano

garden hose

fanondrahana

watering can

antsy biloka

scythe

angadin'omby

plow

antsim-bilona
sickle

antsetra
hoe

farango vy
pitchfork

famaky
axe

borety
pushcart

dababe
trough

boatin-dronono
milk can

harona
sack

fefy
fence

tranom-biby
stable

talatalan-jaridaina
greenhouse

tany
soil

ambeoka
seed

zezika
fertilizer

milina mpijinja vokatra
combine harvester

vokatra

harvest

vokatra

harvest

saonjo

yams

varimbazaha

wheat

saozaha

soya

ovy

potato

katsaka

corn

colza

rapeseed

hazo fihinam-boa

fruit tree

mangahazo

manioc

voamadinika

grain

fivoahan-tsetroka
chimney

tafo
roof

gotera
downspout

varavarankely
window

garazy
garage

lakolosim-baravarana
doorbell

varavarana
door

toeram-pako
trash can

boatin-taratasy hafatra
mailbox

zaridaina
garden

efitra fandraisam-bahiny

living room

efitra fandroana

bathroom

lakozia

kitchen

efitra fatoriara

bedroom

efitranon'ny ankizy

kids room

efi-trano fisakafoanana

dining room

tany

floor

rindrina

wall

valindrihana

ceiling

lakavy

cellar

sauna

sauna

tsimahalavo

balcony

lavarangana

terrace

dobo filomanosana

pool

mpanapaka bozaka

lawn mower

lambam-pandriana

sheet

koety

bedspread

fandriana

bed

kifafa

broom

sô

bucket

interrupteur

switch

sary apetaka
wallpaper

sary
picture

lampy
lamp

talantalana
shelf

lalimoara
cabinet

anjorinafo
fireplace

fahitalavitra
television

voninkazo
flower

lafika
cushion

sofà
sofa

vazy
vase

telekaomandy
remote control

tapis
carpet

takom-baravarana
drape

latabatra
table

seza
chair

seza savily
rocking chair

seza mihaja
armchair

boky

book

lamba firakotra

blanket

asa fandravahana

decoration

hazo fandrehitra

firewood

horonantsary

film

fitaovana hi-fi

stereo system

fanalahidy

key

gazety

newspaper

loko

painting

sary famantarana

poster

radio

radio

kahie fanao tadidy

notebook

aspiratera

vacuum cleaner

raketa

cactus

labozia

candle

frizidera
fridge

fatana micro-onde
microwave oven

fandanjana sakafo
kitchen scales

milina fanendy mofo
toaster

fandiovana
laundry detergent

lafaoro
stove

talatalana fampangatsiahana
freezer

toeram-pako
trash can

fanadiovana vilia
dishwasher

lafaoro

cooker

vilany

pot

vilany vy

cast-iron pot

wok / kadai

wok / kadai

lapoaly

pan

fitaovana fampangotrahana
rano

kettle

vilany mandeha entona

steamer

lovia fisaka

baking tray

fitaovan-dakozia

crockery

zinga

mug

vilia baolina

bowl

hazokely fihinanana

chopsticks

sotrobe lavatango

ladle

spatule

spatula

fanakapohana atody

whisk

fanatantavanana

strainer

lovia sivana

sieve

fanakikisana

grater

laona

mortar

kiendiendy

barbecue

fivoahan'ny setroka

fireplace

akalana fitetehana

chopping board

kodia fandamàna koba

rolling pin

fisontonana bɔsoa

corkscrew

boaty

can

fanokafana boaty

can opener

fitazomana vilany

oven cloth

lavabô

sink

borosy

brush

spaonjy

sponge

miksera

blender

fitaovana fampangatsiahana

deep freezer

tavoahangironono

baby bottle

paompy

tap

efitra fandroana
shower

fanafanana
heating

servieta
towel

lamba fanakon'efitra fandroana
shower curtain

menaka fandroana mandroatra
bubble bath

koveta fandroana
bathtub

vera
glass

milina fanasana lamba
washing machine

paompy
tap

taila
tiles

tavimandry
potty

lavabô
sink

efitrano fidiovana
toilet

kabone mitsingo
squat toilet

bidet
bidet

fipipizana
urinal

taratasy fidiovana
toilet paper

borosy fampiasa an-kabone
toilet brush

borosinify

toothbrush

famotsia-nify

toothpaste

kofehy fanadiova-nify

dental floss

manasa

wash

fisaika enti-tànana

hand shower

fanadiovana fivaviana

douche

kovetabe

basin

borosin-damosina

back brush

savony

soap

l fampiasa rehefa misaika

shower gel

shampoo

shampoo

fonon-tànana ent -misaika

flannel

tsiranoka

drain

crème fanosotra

creme

fanalana fofona

deodorart

fitaratra

mirror

fitaratra fihaingo

hand mirror

hareza

razor

raotra fiharatra

shaving foam

menaka haratra

aftershave

fiogo

comb

borosy

brush

fitaovana fanamainam-bolo

hair-dryer

atsifotra amin'ny volo

hairspray

fikarakarana tarehy

makeup

lokomena

lipstick

haingo hoho

nail varnish

vohavohan-dandihazo

cotton wool

fanapahana hoho

nail scissors

ranomanitra

perfume

fitoerana fitaovana an-kabone

washbag

sezabory

stool

fandanjana clona

weighing scales

akanjo enti-matory

bathrobe

fonon-tànana enti-manadio

rubber gloves

servieta fanary

tampon

lamba fampiasa amin'ny fadimbolana

sanitary towel

kabone simika

chemical toilet

famohamandry
alarm clock

saribakoly
cuddly toy

fiara kilalao
toy car

korintsana
rattle

tranon-tsaribakoly
doll's house

fanomezana
present

balaonina
balloon

fandriana
bed

posety
stroller

lalao karatra
deck of cards

puzzle
jigsaw

sariitatra
comic

lalao legô

lego bricks

kilalao fananganana trano

toy blocks

sarivongana kely

action figure

grenera

romper suit

Frisbee

frisbee

mobile

mobile

jeu de société

board game

kodiakely

dice

lamasinina kely

model train set

solonono

pacifier

fety

party

boky feno sary

picture book

baolina

ball

saribakoly

doll

milalao

play

kovetam-pasika

sandpit

savily

swing

kilalao

toys

kilalao video

video game console

tricycle

tricycle

teddy orsa

teddy bear

fitoeran'akanjo

wardrobe

akanjo

clothing

bà kiraro

socks

bàn-tongotra

stockings

akanjo manara-batana

tights

foloara
scarf

elo
umbrella

t-shirt
t-shirt

fehin-kibo
belt

baoty
boots

kapa filondra an-trano
slippers

kiraro tenisy
sneakers

kapa
sandals

kiraro
shoes

baoty fingotra
rubber bocts

atinakanjo
underwear

tatinono
bra

akanjo feno
undershirt

vatana

body

pataloha

pants

jean

jeans

zipo

skirt

akanjo ambony

blouse

lobaka

shirt

pull

pullover

akanjo sarotro

sweater

palitao

blazer

palitao

jacket

palitao

coat

akanjo aro-orana

raincoat

akanjo fianjaika

costume

fitafim-behivavy

dress

akanjon'ny ampakarina

wedding dress

akanjo fianjaika

suit

akanjo-mandry

nightgown

pijamà

pajamas

sari

sari

sarondoha

headscarf

turban

turban

burqa

burka

kaftan

kaftan

abaya

abaya

akanjo fitondra milomano

swimsuit

akanjo fitondra milomano

trunks

pataloha fohy

shorts

akanjo fitena

tracksuit

tablie

apron

fonon-tànana

gloves

akanjo - clothing

bokotra

button

solomaso

glasses

brasele

bracelet

rojo

necklace

peratra

ring

kavina

earring

satroka

cap

fanantonana palitao

coat hanger

satroka

hat

fehivozo

tie

hidikorisa

zip

aroloha

helmet

beritelo

braces

fanamian'ny mpianatra

school uniform

fanamiana

uniform

bavoara
bib

solonono
pacifier

taty
diaper

lalmoara fitahirizana
filing cabinet

serveur
server

mpanao pirinty
printer

efijoro
monitor

taratasy
paper

latabatra
desk

voalavo tondro
mouse

klasera
folder

klavie
keyboard

fanariana fako taratasy
waste-paper basket

solosaina
computer

seza
chair

kaopin-kafe
coffee mug

mpikajy
calculator

aterineto
internet

solosaina maivana

laptop

taratasy

letter

hafatra

message

mobile

cell phone

tambajotra

network

imprimante

photocopier

rindrambaiko

software

finday

telephone

prizy

plug socket

fax

fax machine

efitra fenoina

form

fehezan-taratasy

document

mividy

buy

mandoa vola

pay

misera

trade

vola

money

USD

dôlara

dollar

EUR

euro

euro

JPY

yen

yen

RUB

rouble

rouble

CHF

Franc suisse

Swiss franc

CNY

renminbi yuan

renminbi yuan

INR

roupie

rupee

fangalàna vola

cash point

toerana fanakalozana vola

currency exchange office

volamena

gold

volafotsy

silver

solika

oil

angovo

energy

vidiny

price

fifanekena

contract

hetra

tax

action borsa

stock

miasa

work

mpiasa

employee

mpampiasa

employer

orinasa

factory

fivarotana

shop

mpitandro filaminana
police officer

mpamonjy voina
fireman

mahandro
cook

dokotera
doctor

mpanamory
pilot

mpikarakara zaridaina

gardener

mpandrafitra

carpenter

vehivavy mpanjaitra

seamstress

mpitsara

judge

mpahay simia

chemist

mpilalao sarimihetsika

actor

mpamily fiara fitateram-bahoaka

bus driver

mpamily fiarakaretsaka

taxi driver

mpanjono

fisherman

vehivavy mpanadio

cleaning lady

mpanao tafo

roofer

mpandroso sakafo

waiter

mpihaza

hunter

mpandoko

painter

mpanao mofo

baker

elektrisianina

electrician

mpanao trano

builder

injeniera

engineer

mivaro-kena

butcher

plombier

plumber

faktera

postman

miaramila
soldier

mpanao mari-trano
architect

mpandray vɔla
cashier

mpivarotra voninkazo
florist

mpanao volo
hairdresser

mpizara tapakila
conductor

mpahay mekanika
mechanic

kapiteny
captain

mpitsabo nify
dentist

siantifika
scientist

raby
rabbi

imam
imam

moanina
monk

pretra
pastor

tools

maritoa
hammer

pince
pliers

tournevis
screwdriver

kle
wrench

tôrsa
torch

pelleteuse

excavator

boaty fanisy fitaovana

toolbox

tohatra

ladder

tsofa

saw

fantsika

nails

perceuse

drill

manarina
repair

lapela
shovel

Kyy!
Damn!

angadim-pako
dustpan

boatin-doko
paint can

visy
screws

zava-maneno
musical instruments

vata maro anaka
drum set

haut-parleur
loud speaker

gitara
guitar

contrebasse
double bass

trompetra
trumpet

vata maro afitsoka

piano

lokanga

violin

basse

bass

amponga timpani

timpani

aponga

drums

klavie

keyboard

saksa

saxophone

sodina

flute

mikrao

microphone

t gra
t ger

fidirana
entrance

tranon-gadra
cage

zebra
zebra

sakafom-biby
animal feed

pandà
panda

biby

animals

elefanta

elephant

kangoroa

kangaroo

rinôserôsy

rhino

gôrila

gorilla

orsa

bear

rameva

camel

aotrisy

ostrich

liona

lion

rajako

monkey

sama

flamingo

boloky

parrot

orsa polera

polar bear

pengoa

penguin

atsantsa

shark

vorombola

peacock

bibilava

snake

voay

crocodile

mpiandry valan-javaboary

zookeeper

fôko

seal

jagoara

jaguar

poney

pony

leopara

leopard

hipôpôtamo

hippo

zirafa

giraffe

voromahery

eagle

lambo

boar

trondro

fish

sokatra

turtle

môrsa

walrus

renard

fox

gazely

gazelle

sports

Football amerikana
American football

hazakazaka am-bisikileta
cycling

tennis
tennis

baskety
basketball

lomano
swimming

boxe
boxing

hockey an-dranomandr
ice hockey

baolina kitra
soccer

badminton
badminton

atletisma
athletics

handball
handball

ski
skiing

polo
polo

mihomehy
laugh

tsambikina
np

mamihina
hug

mandeha
walk

mihira
sing

manonofy
dream

mivavaka
pray

manoroka
kiss

manoratra
write

manao sary
draw

maneho
show

manosika
push

manome
give

mandray
take

manana

have

manao

do

mizovy

be

mijoro

stand

mihazakazaka

run

misintona

pull

manary

throw

lavo

fall

mandry

lie

miandry

wait

mitondra

carry

mipetraka

sit

miakanjo

get dressed

matory

sleep

mifoha

wake up

mijery

look at

mitomany

cry

fahatapahan'ny lalan-dra

stroke

fiogo

comb

miresaka

talk

mahay

understard

milaza

ask

mihaino

listen

misotro

drink

mihinana

eat

mandamina

tidy up

mitia

love

mahandro

cook

mamily

drive

lalitra

fly

miandriaka

sail

mikajy

calculate

mamaky

read

mianatra

learn

miasa

work

mivady

marry

manjaitra

sew

miborosy nify

brush teeth

mamono

kill

mifoka

smoke

mandefa

send

renibe
grandmother

dadabe
grandfather

ray
father

reny
mother

zaza
baby

zanaka vavy
daughter

zanaka lahy
son

vahiny

guest

nenitoa

aunt

dadatoa

uncle

rahalahy

brother

rahavavy

sister

handrina
forehead

maso
eye

soroka
shoulder

rantsan-tànana
finger

tarehy
face

saoka
chin

tànana
hand

nono
breast

ranjo
leg

sandry
arm

zaza

baby

lehilahy

man

vehivavy

woman

vavy

girl

lahy

boy

loha

head

lamosina

back

kibo

belly

foitra

navel

rantsan-tongotra

toe

voditongotra

heel

taolana

bone

valahana

hip

lohalika

knee

kiho

elbow

orona

nose

vody

buttocks

hoditra

skin

takolaka

cheek

sofina

ear

molotra

lip

vatana - body

69

vava

mouth

nify

tooth

lela

tongue

saina

brain

fo

heart

ozatra

muscle

havokavoka

lung

aty

liver

vavony

stomach

voa

kidneys

firaisana ara-nofo

sex

fimailo

condom

tsirivavy

ovum

ranonaina

semen

vohoka

pregnancy

vatana - body

fadimbolana

menstruation

fivaviana

vagina

filahiana

penis

volomaso

eyebrow

volo

hair

tenda

neck

hopitaly
hospital

fiara mpitondra marary
ambulance

seza mikorisa
wheelchair

fahatapahan'ny taolana
fracture

dokotera

doctor

efitra vonjy taitra

emergency room

mpitsabo mpanampy

nurse

vonjy taitra

emergency

tsy mahatsiaro tena

unconscious

fanaintainana

pain

faharatràna

injury

mandeha rà

bleeding

aretim-po

heart attack

fahatapahan'ny lalan-dra

stroke

tsy fahazakana sakafo

allergy

kohaka

cough

tazo

fever

gripa

flu

fivalanana

diarrhea

aretin'an-doha

headache

homamiadana

cancer

diabeta

diabetes

dokotera mpandidy

surgeon

antsy fandidiana

scalpel

fandidiana

operation

TC
CT

taratra X
x-ray

ekôgrafia
ultrasound

saron-tava
face mask

aretina
disease

efitrano fiandrasana
waiting room

tehina
crutch

taha fery
plaster

bandy
bandage

tsindrona
injection

stetoskopy
stethoscope

filanjana marary
stretcher

fitaovana fitsapana
hafanana
clinical thermometer

fahaterahana
birth

hatavezana tafahoatra
overweight

fitaovana fandrenesana

hearing aid

famonoana mikraoba

disinfectant

fifindràna aretina

infection

viriosy

virus

VIH / SIDA

HIV / AIDS

fitsaboana

medicine

vaksiny

vaccination

pilina

tablets

pilina

pill

antso vonjy taitra

emergency call

fitaovana fitsapana tosi-drà

blood pressure monitor

marary / salama

ill / healthy

Vonjeo!

Help!

antso fanairana

alarm

herisetra

assault

vono

attack

loza

danger

fivoahana raha misy loza

emergency exit

Afo!

Fire!

fitaovam-pamonoana afo

fire extinguisher

loza

accident

fitaovam-pitsaboana
vonjimaika

first-aid kit

SOS

SOS

pôlisy

police

Eoropa

Europe

Amerika avaratra

North America

Amerika atsimo

South America

Afrika

Africa

Azia

Asia

Aostralia

Australia

Atlantika

Atlantic

Pasifika

Pacific

Ranomasimbe Indiana

Indian Ocean

Oseana Antarktika

Antarctic Ocean

Oseana Arktika

Arctic Ocean

Tendrotany avaratra

North pole

Tendrotany atsimo

South pole

Antarktika

Antarctica

tany

earth

tany

land

ranomasina

sea

nosy

island

tanindrazana

nation

firenena

state

tavam-pamantaranandro

clock face

tondro ora

hour hand

tondro minitra

minute hand

tondro segondra

second hanc

Amin'ny firy izao?

What time is it?

andro

day

fotoana

time

izao

now

famantaranandro niomerika

digital watch

minitra

minute

ora

hour

Alatsinainy
Monday

Alarobia
Wednesday

Zomà
Friday

Talata
Tuesday

Sabotsy
Saturday

Alakamisy
Thursday

Alahady
Sunday

omaly

yesterday

androany

today

ampitso

tomorrow

maraina

morning

atoandro

noon

hariva

evening

MO	TU	WE	TH	FR	SA	SU
1	2	3	4	5	6	7
8	9	10	11	12	13	14
15	16	17	18	19	20	21
22	23	24	25	26	27	28
29	30	31	1	2	3	4

adro fiasàna

workdays

MO	TU	WE	TH	FR	SA	SU
1	2	3	4	5	6	7
8	9	10	11	12	13	14
15	16	17	18	19	20	21
22	23	24	25	26	27	28
29	30	31	1	2	3	4

faran'ny herinandro

weekend

orana
rain

avana
rainbow

ranomandry
snow

rivotra
wind

lohataona
spring

fararano
fall

vanin-taona maina
summer

ririnina
winter

vinavina ara-toetrandro

weather forecast

thermomètre

thermometer

tara-masoandro

sunshine

rahona

cloud

zavona

fog

hamandoana

humidity

tselatra

lightning

kotroka

thunder

tafio-drivotra

storm

havandra

hail

fahavaratra

monsoon

tondra-drano

flood

vaingan-drano

ice

Janoary

January

Febroary

February

Martsa

March

Avrila

April

Mey

May

Jiona

June

Jolay

July

Aogositra

August

taona - year

Septambra

September

Oktobra

October

Novambra

November

Desambra

December

boribory

circle

efamira

square

efajoro

rectangle

telozoro

triangle

bola

sphere

goba

cube

fotsy

white

mavo

yellow

laoranjy

orange

mavokely

pink

mena

red

voloparasy

purple

manga

blue

maitso

green

volotany

brown

volondavenona

gray

mainty

black

betsaka / vitsy

a lot / a little

tezitra / tony

angry / calm

tsara / ratsy

beautiful / ugly

fiandohana / fiafarana

beginning / erd

lehibe / kely

big / small

mazava / maloka

bright / dark

rahalahy / rahavavy

brother / sister

madio / maloto

clean / dirty

feno / banga

complete / inccmplete

andro / alina

day / night

maty / velona

dead / alive

malalaka / tery

wide / narrow

azo hanina / tsy fihinana

edible / inedible

tsivalahara / tsara fanahy

evil / kind

endratra / sorena

excited / bored

matavy / mahia

fat / thin

voalohany / farany

first / last

mpinamana / mpifahavalo

friend / enemy

feno / foana

full / empty

mafy / malefaka

hard / soft

mavesatra / maivana

heavy / light

noana / mangetaheta

hunger / thirst

marary / salama

ill / healthy

tsy ara-dalàna / ara-dalàna

illegal / legal

mahay / vendrana

intelligent / stupid

havia / havanana

left / right

akaiky / lavitra

near / far

vaovao / tranainy

new / used

tsy misy / misy

nothing / something

antitra / tanora

old / young

mandeha / maty

on / off

mivoha / mihidy

open / closed

mangina / mitabataba

quiet / loud

manankarena / manantra

rich / poor

marina / diso

right / wrong

marokoroko / malama

rough / smooth

malahelo / faly

sad / happy

fohy / lava

short / long

mora / faingana

slow / fast

mando / maina

wet / dry

mafana / mangatsiaka

warm / cool

ady / fahalemana

war / peace

0

aotra

zero

1

iray

one

2

roa

two

3

telo

three

4

efatra

four

5

dimy

five

6

enina

six

7

fito

seven

8

valo

eight

9

sivy

nine

10

folo

ten

11

iraikambinifolo

eleven

12

roambinifolo

twelve

13

teloambinifolo

thirteen

14

efatrambinifolo

fourteen

15

dimiambinifolo

fifteen

16

eninambinifolo

sixteen

17

fitoambinifolo

seventeen

18

valoambinifolo

eighteen

19

siviambinifolo

nineteen

20

roapolo

twenty

100

zato

hundred

1.000

arivo

thousand

1.000.000

tapitrisa

million

Anglisy

English

Anglisy amerikana

American English

Fiteny sinoa mandarina

Chinese Mandarin

Hindi

Hindi

Espaniola

Spanish

Frantsay

French

Fiteny arabo

Arabic

Fiteny rosiana

Russian

Portogey

Portuguese

Bengaly

Bengali

Alemà

German

Japoney

Japanese

izaho

I

ianao

you

izy / io

he / she / it

isika

we

ianao

you

zareo

they

iza?

who?

inona?

what?

ahoana?

how?

aiza?

where?

oviana?

when?

anarana

name

aorina

behind

anaty

in

anoloana

in front of

any

over

ambony

on

ambany

under

ankila

beside

afovoany

between

toerana

place